LETTRE

DE

NOTRE TRÈS SAINT PÈRE

LE PAPE LÉON XIII

A SON ÉMINENCE

LE CARDINAL RICHARD

ARCHEVÊQUE DE PARIS

A L'OCCASION DE LA BÉNÉDICTION DE L'ÉGLISE VOTIVE

DU SACRÉ-CŒUR A MONTMARTRE

LETTRE PASTORALE
DE S. ÉM. LE CARDINAL ARCHEVÊQUE DE PARIS

AMENDE HONORABLE
ET CONSÉCRATION AU SACRÉ-CŒUR DE JÉSUS

PARIS
LIBRAIRIE CH. POUSSIELGUE
15, RUE CASSETTE, 15

—

1891

LETTRE

DE

NOTRE TRÈS SAINT PÈRE

LE PAPE LÉON XIII

A SON ÉMINENCE

LE CARDINAL RICHARD

ARCHEVÊQUE DE PARIS

A L'OCCASION DE LA BÉNÉDICTION DE L'ÉGLISE VOTIVE

DU SACRÉ-CŒUR A MONTMARTRE

LETTRE PASTORALE
DE S. ÉM. LE CARDINAL ARCHEVÊQUE DE PARIS

AMENDE HONORABLE
ET CONSÉCRATION AU SACRÉ-CŒUR DE JÉSUS

PARIS

LIBRAIRIE CH. POUSSIELGUE
15, RUE CASSETTE, 15

1891

LETTRE

DE

NOTRE TRÈS SAINT PÈRE LE PAPE LÉON XIII

A SON ÉMINENCE LE CARDINAL RICHARD

ARCHEVÊQUE DE PARIS

A L'OCCASION DE LA BÉNÉDICTION

DE L'ÉGLISE VOTIVE DU SACRÉ-CŒUR

A MONTMARTRE

————————

A notre cher Fils François Richard, cardinal prêtre de la sainte Église romaine, du titre de Sancta Maria in via, archevêque de Paris,

LÉON XIII, PAPE.

CHER FILS,

SALUT ET BÉNÉDICTION APOSTOLIQUE,

Très agréable a été pour Nous la nouvelle que Nous ont apportée vos lettres du 28 avril. Vous Nous y annoncez que la construction du temple, que les fidèles de la France entière, dans une pensée d'expiation nationale et pour implorer le secours divin en faveur de leur patrie, avaient fait vœu, il y a vingt ans, d'élever sur le mont des martyrs, à Notre-Seigneur Jésus-Christ nous révélant son Cœur, se trouvait, grâce aux offrandes de toute la nation française, assez avancée pour qu'il pût dès maintenant être ouvert au culte public; et vous avez décidé que le 5 du mois de juin prochain, jour consacré à honorer le divin Cœur, la bénédiction en serait faite solennellement selon les rites prescrits par l'Église. Et vous souvenant que Notre prédécesseur d'heureuse mémoire, Pie IX, approuvant le vœu public en le prenant sous ses auspices, avait accordé aux premiers débuts de l'œuvre les encouragements de sa piété et de son affection, vous avez cru devoir Nous prier d'accompagner pareillement la dédicace qui doit incessamment s'accomplir, du témoignage de Notre affection et des dons sacrés de Notre puissance.

C'est une grande joie pour Nous, cher Fils, que de voir s'élever ainsi dans votre pays, en un lieu si célèbre, ce temple votif, monument insigne attestant la foi et la piété de la nation française, dont l'attachement à la religion de ses pères s'est de tout temps affirmé par d'illustres exemples. C'est pour Nous une joie qu'au sein du même peuple où rayonnèrent les vertus de la bienheureuse habitante du ciel, disciple du divin Cœur et propagatrice de sa gloire, cette très pieuse dévotion prenne de nouveaux accroissements et se recommande à la postérité par l'exécution d'une si grande œuvre. Et ce qui augmente encore cette joie, ce sont les fruits de salut que promet une telle œuvre; c'est la ferme confiance où nous sommes de voir le Christ Notre-Seigneur prendre de pareils adorateurs de son Cœur sous sa divine protection et sa perpétuelle sauvegarde.

Mais, à la vue de ces excellentes dispositions de la nation française en ce qui touche la religion, Nous formons surtout un souhait : c'est que, de même que la pieuse union de tous les fidèles de France s'est merveilleusement signalée en faisant sortir de terre la masse imposante de ce temple votif, l'union de toutes les volontés s'affirme aussi et se fortifie pour défendre au sein de la patrie l'existence et la cause de la religion catholique; qu'imposant silence à ces rivalités de partis dans lesquelles s'amoindrit la force des bons et s'accroît celle des méchants, tous réunissent leurs pensées et leurs efforts pour maintenir l'honneur d'une nation à qui l'illustre vertu de ses aïeux a valu dans l'Église une telle dignité et un nom si glorieux. De toutes les ambitions, de toutes les politiques, c'est là, en effet, la plus noble, celle à laquelle nous sommes conviés par la voix même de la divine vérité, quand elle nous enseigne qu'il faut chercher avant tout le royaume de Dieu et sa justice, et qu'elle nous recommande d'attendre de là la récompense par laquelle Dieu rémunère, non seulement dans le ciel, mais même

dès cette terre, la pratique de la piété et de la justice et le zèle de sa gloire.

Ces avis, que Nous inspire à votre égard la tendresse paternelle de Notre cœur, seront, Nous en
avons la confiance, accueillis par les fidèles de
France avec les sentiments que Nous avons toujours reconnus en des fils si pleins d'amour et si
chers à notre affection.

Quant aux demandes que vous Nous avez
adressées, c'est de tout cœur que leur donnant
Notre plein acquiescement, Nous accordons, de
Notre autorité apostolique, qu'à partir du 5 juin
prochain jusqu'au 3 juillet, période qui a été déter-
minée pour la célébration des fêtes de la dédicace,
tous les fidèles de l'un et de l'autre sexe puissent,
soit le jour même de la dédicace, soit chaque dimanche du mois, et, en outre, aux fêtes de la Na-
tivité du Précurseur de Notre-Seigneur, du bienheureux Pierre, Prince des apôtres et de la Visi-
tation de la sainte Vierge Mère de Dieu, gagner en
faisant la confession sacramentelle, et recevant la
sainte Eucharistie, une indulgence plénière de tous
leurs péchés dans la forme accoutumée de l'Église.
Pareillement, et en vertu de Notre même autorité,
Nous accordons que tous les fidèles, qui, visiteront
dévotement le temple votif, et y adresseront à Dieu
de ferventes prières, gagnent pendant tout le cours
des solennités de la dédicace, et à quelque jour que
ce soit, une indulgence de sept ans et de sept qua-
rantaines, dans la forme accoutumée de l'Église.
En outre et conformément au vœu que vous Nous

avez exprimé, Nous vous octroyons à vous-même la faculté de donner au peuple en Notre nom et par Notre autorité, après la célébration de la Messe, la bénédiction solennelle avec indulgence plénière des péchés, selon le rite et la forme prescrite par le Siège Romain. Et, pour toutes ces indulgences par Nous concédées, Nous accordons la faveur qu'elle puissent être appliquées, par mode de suffrage, au soulagement des âmes qui sont dans le Purgatoire.

Enfin, Nous ne pouvons terminer sans tourner vers le Christ notre Seigneur et notre Dieu, qui est la vie et la force des cœurs, et qui promet de consoler ceux qui travaillent et qui gémissent sous leurs fardeaux, les vœux les plus intimes de Notre âme, afin qu'il accueille les hommages de votre religion et de votre piété avec indulgence et miséricorde, et qu'ouvrant les trésors de sa bonté, il répande sur vous et sur toute votre Patrie les dons les plus abondants de paix, de salut et de prospérité.

Nous voulons que vous ayez l'augure de ces faveurs céleste, comme aussi le gage de Notre sincère bienveillance, dans la Bénédiction Apostolique qu'à vous, cher Fils, à tout le clergé et à tous les fidèles de la France, nous accordons avec toute la tendresse de Notre cœur.

Donné à Rome, près de Saint-Pierre, le 5 mai de l'année 1891, de Notre Pontificat la quatorzième.

LÉON XIII, PAPE.

LETTRE PASTORALE

DE SON ÉMINENCE

LE CARDINAL RICHARD

ARCHEVÊQUE DE PARIS

POUR ANNONCER

LA BÉNÉDICTION DE L'ÉGLISE DU VŒU NATIONAL
AU SACRÉ-CŒUR

FRANÇOIS-MARIE-BENJAMIN RICHARD, par la grâce de Dieu et du Saint-Siège apostolique, Cardinal Prêtre de la Sainte Église Romaine, du titre de *Sancta Maria in via*, archevêque de Paris, au clergé et aux fidèles de notre diocèse, salut et bénédiction en Notre-Seigneur Jésus-Christ.

NOS TRÈS CHERS FRÈRES,

Lorsque, le 24 mai 1888, nous vous annoncions le Congrès des œuvres eucharistiques qui devait s'assembler à Paris du 2 au 6 juillet, nous expri-

mions l'espoir que la basilique du Sacré-Cœur
pourrait être bénite et ouverte aux fidèles après
une période de trois années de travaux. L'année
dernière, quand nous étions réunis à Montmartre
pour célébrer la fête du Sacré-Cœur de Jésus, je
vous rappelais qu'une année seulement nous sé-
parait du terme fixé à nos espérances. J'ajoutais
que la réalisation de ces espérances dépendait dé-
sormais de votre volonté et de votre générosité.
En parlant ainsi, N. T. C. F., nous n'étions pas
mû par le sentiment naturel d'impatience qui
porte à désirer le prompt achèvement d'une œuvre
poursuivie depuis longtemps. A Dieu ne plaise que
des considérations humaines se mêlent jamais
pour nous à une entreprise inspirée par une admirable pensée de foi et d'amour confiant en la
miséricorde de Notre-Seigneur. Mais si nous ne
voulions pas devancer l'heure de la Providence,
nous ne voulions pas non plus avoir à nous repro-
cher de la retarder par cette sorte de lassitude
qui résulte souvent des efforts prolongés.

Grâces soient rendues au Dieu de toute bonté !
Il a daigné vous accorder non seulement la volonté
d'entreprendre l'œuvre du Vœu national, mais la
persévérance pour l'achever : *Deus est enim qui
operatur in vobis et velle et perficere* [1]. Nous venons
aujourd'hui avec grande joie vous annoncer que
la basilique de Montmartre sera bénite suivant
les rites liturgiques, le 5 juin prochain où nous

---

1. Philipp., ii, 13.

ferons la fête du Sacré-Cœur de Jésus. Le mois tout entier sera consacré aux pèlerinages qui se succéderont pour la première inauguration de notre sanctuaire du Vœu national. Nous disons la première inauguration parce que la cérémonie du 5 juin est en effet le prélude de la solennelle dédicace réservée au jour où sera terminé le Dôme majestueux qui doit couronner l'édifice sacré. Cinq années de travaux sont encore nécessaires pour arriver à ce jour béni, où les évêques assemblés pour la dédicace de la basilique du Vœu national pourront consacrer la France au Cœur adorable de Jésus. Laissez-nous répéter encore aujourd'hui : la réalisation de cette magnifique espérance dépend, N. T. C. F., de votre volonté aidée de la grâce divine.

Mais avant d'entrer dans le nouveau temple, arrêtons-nous quelques instants sur le seuil, pour nous rappeler l'origine de cette généreuse entreprise.

Le Vœu national comme toutes les œuvres voulues de Dieu dans son Église a eu d'humbles commencements. Deux chrétiens de Paris pleuraient ensemble sur les malheurs de la patrie en 1871 ; ils étaient pressés par la pensée de joindre au sacrifice du sang fait sur les champs de bataille par les enfants de la France, la prière et le recours à la miséricorde divine. Cette pensée réunit bientôt les adhésions d'hommes qui aimaient d'un même amour l'Église et la patrie. Il fallait qu'elle reçût, pour entrer dans l'ordre de la divine

Providence, l'approbation de l'autorité hiérarchique. Le vénérable cardinal Guibert venait, sur les instances du Gouvernement de la défense nationale, d'être appelé au siège de Paris par Pie IX de sainte mémoire. Il examina avec la maturité et la fermeté de jugement que nous avons tous admirées en lui, la pensée qui avait inspiré le Vœu national. Le 18 janvier 1872, en la fête de la Chaire de saint Pierre à Rome, il donna son approbation.

« Vous désirez, écrivait-il aux initiateurs de
« l'Œuvre, qu'un temple dédié au Sacré-Cœur
« de Jésus s'élève dans Paris qui n'en possède
« aucun sous ce titre ; ce temple, dans votre pen-
« sée, doit être un monument d'expiation et la
« France entière sera appelée à contribuer à
« cette œuvre par les dons des fidèles. En même
« temps, ce sanctuaire du Sacré-Cœur deviendra
« devant Dieu l'expression d'une supplication
« générale pour obtenir que les jours de nos
« épreuves soient abrégés et adoucis, et que du
« Cœur si aimant du Rédempteur des hommes,
« sorte notre régénération spirituelle et tempo-
« relle.

« Rien n'est plus chrétien ni plus patriotique
« qu'un tel vœu. »

Le Cardinal avait défini en deux mots le Vœu national au Sacré-Cœur : *chrétien et patriotique*. La suite des événements a justifié cette définition. Relisons donc et renouvelons ensemble, N.T.C.F., le vœu de notre foi et de notre patriotisme, au

moment où nous allons franchir le seuil du sanctuaire édifié pour en réaliser l'accomplissement.

« En présence des malheurs qui désolent la
« France et des malheurs plus grands peut-être
« qui la menacent encore ;

« En présence des attentats sacrilèges commis
« à Rome contre les droits de l'Église et du Saint-
« Siège et contre la personne sacrée du Vicaire
« de Jésus-Christ ;

« Nous nous humilions devant Dieu, et réunis-
« sant dans notre amour l'Église et notre Patrie,
« nous reconnaissons que nous avons été coupa-
« bles et justement châtiés ;

« Et pour faire amende honorable de nos pé-
« chés et obtenir de l'infinie miséricorde du
« Sacré-Cœur de Notre-Seigneur Jésus-Christ le
« pardon de nos fautes, ainsi que les secours
« extraordinaires qui peuvent seuls délivrer le
« Souverain Pontife de sa captivité et faire cesser
« les malheurs de la France, nous promettons de
« contribuer à l'érection à Paris d'un sanctuaire
« dédié au Sacré-Cœur de Jésus. »

L'orgueil humain sourit et quelquefois s'irrite
devant les actes de l'humilité chrétienne qui con-
fesse ses fautes et sollicite le pardon de la miséricorde divine. C'est la parole de l'ange révolté
contre Dieu qui ne cesse de répéter : *Non ser-
viam* [1], je n'obéirai pas, tristement traduite de
nos jours par cette formule impie : Ni Dieu, ni

[1]. Jérém., ii, 20.

maître. Au bout des révoltes de l'orgueil se trouvent la ruine et le désespoir, parce que Dieu résiste aux superbes et donne sa grâce aux humbles : *Deus superbis resistit, humilibus autem dat gratiam* [1].

Les âmes humbles sont magnanimes parce qu'elles ne se laissent pas arrêter par les considérations mesquines de l'amour-propre qui redoute l'insuccès et le blâme; et qu'elles se confient dans le secours de Dieu. Je puis tout en Celui qui me fortifie, disait autrefois saint Paul, *Omnia possum in eo qui me confortat* [2]. C'est aussi dans les âmes humbles que se trouvent la charité et le dévouement au prochain; elles s'oublient elles-mêmes et ne sont pas rétrécies par l'égoïsme qui recherche avant tout sa gloire et sa satisfaction personnelle.

La magnanimité dans l'humilité et la charité est bien le caractère distinctif des œuvres vraiment inspirées par la foi. Nous ne croyons pas nous faire illusion en disant que tel a été dès le début le caractère du Vœu national.

Le 16 juin 1875, le vénérable cardinal Guibert posait la première pierre de la basilique du Sacré-Cœur sur la montagne de nos martyrs. Il nous semble entendre encore la voix du saint vieillard : « Le Cœur de Jésus, disait-il à la « France, est un rendez-vous pacifique où nous

1. I Petri, v, 5.
2. Philippi, iv, 13.

« convions tous nos frères à venir chercher avec
« nous la vérité dans la charité : *Veritatem fa-*
« *cientes in charitate* [1]. Ce que nous demandons
« à ce Cœur adorable, c'est la conversion de la
« France, non la conversion à telles ou telles
« opinions, mais sa conversion ou plutôt son re-
« tour à la foi chrétienne, aux espérances éter-
« nelles, à l'amour de Dieu qui embrasse et com-
« prend aussi l'amour des hommes. Ainsi la
« pacification sociale est au terme de l'œuvre
« dont nous poursuivons la réalisation. »

Quinze ans se sont écoulés et l'Œuvre du Vœu
national a gardé fidèlement le caractère que lui
avait assigné son fondateur. Tous ceux d'entre
vous qui ont assisté à la bénédiction de la première pierre de l'église du Sacré-Cœur se sou-
viennent de l'autorité paternelle avec laquelle le
Cardinal promulgua devant la capitale de la France
« les divines sentences prononcées par celui
dont le cœur a tant aimé les hommes ». « A
notre société malade d'orgueil » il répéta
« la maxime salutaire et toujours vraie : Bienheureux les humbles », *Beati pauperes spiritu* [2].
En voyant « la passion du lucre s'emparer de
toutes les âmes, obscurcir les intelligences,
abaisser les caractères, éteindre la flamme
du génie, étouffer le germe des passions géné-
reuses », le pieux pontife invitait nos contem-

1. Ephes., IV, 15.
2. Matth., V, 3.

porains à « se rapprocher du Cœur d'un Dieu pour retrouver à ce contact la noblesse originelle du cœur de l'homme et sentir de nouveau cette soif de vérité et de justice que Dieu seul allume et que seul il peut satisfaire ». *Beati qui esuriunt et sitiunt justitiam* [1]. « Aux âmes flétries par la volupté, au riche qui poursuit les jouissances des sens avec toutes les ressources de son opulence, au pauvre qui les convoite avec toute l'ardeur de sa jalousie », il redisait la parole du Christ : Bienheureux ceux qui ont le cœur pur, *Beati mundo corde* [2].

Voilà, N. T. C. F., la grande prédication qui descend depuis quinze ans des hauteurs de Montmartre et si les effort de l'impiété se sont multipliés pour faire apostasier la France, beaucoup d'âmes ont entendu la parole du Sauveur et l'ont suivi dans la pénitence, l'humilité et le dévouement. Les pierres de la basilique du Vœu national ne cessent de crier à la France qu'elle trouvera le salut dans le nom du Sauveur Jésus et ne le trouvera pas ailleurs. *Non est in alio aliquo salus. Nec enim aliud nomen est sub cœlo datum hominibus, in quo oporteat nos salvos fieri* [3].

Le moment est venu, N. T. C. F., où nous pouvons vous dire : *Venite et ascendamus ad montem Domini et ad domum Dei Jacob* [4]. Venez, montons

1. Matth., 6.
2. Ibid., 8.
3. Act. Ap., iv, 12.
4. Isaïe ii 2.

ensemble à la maison de Dieu. La voici qui ouvre ses portes au peuple chrétien : elle vous apparaît avec l'image de Notre-Seigneur Jésus-Christ offrant les trésors de son Cœur adorable à notre patrie ; avec sa crypte sévère et recueillie, avec ses grandes nefs aux proportions harmonieuses, avec ses chapelles rayonnantes autour du sanctuaire où nous allons accomplir notre vœu chrétien et patriotique, en implorant la miséricorde divine pour nos péchés et nos défaillances et en adressant au Cœur de Jésus une ardente supplication pour la France.

Nous lisons dans l'Évangile que le Sauveur, à la pensée des miséricordes que la rédemption allait répandre sur le monde, tressaillit dans l'Esprit-Saint : *Exsultavit in Spiritu sancto* [1]. Ne pouvons-nous pas croire qu'au jour où notre adorable Maître verra réuni à ses pieds le peuple chrétien de France venant se consacrer à Lui, son divin Cœur tressaillira encore, et nous pourrons entendre cette parole que recueillirent les disciples : *Confiteor tibi, Pater, Domine cœli et terræ, quia abscondisti hæc a sapientibus et prudentibus et revelasti ea parvulis* [2]. Je vous loue, ô mon Père, Seigneur du ciel et de la terre, de ce que vous avez révélé aux humbles et aux petits de ce monde les secrets de votre sagesse et de votre bonté, qui demeurent cachés aux sages et aux

1. Lucæ, x, 21.
2. Matth., xi, 25.

prudents du siècle. Pendant que les savantes méditations de la politique sont impuissantes à découvrir le remède aux maux dont souffre la société, les chrétiens humbles et fidèles le trouvent dans la soumission aux divins enseignements.

Oui, il vous a plu qu'il en fût ainsi, Père céleste, dit encore le Sauveur, parce que toutes choses m'ont été données par mon Père. *Ita Pater quoniam sic placitum fuit ante te. Omnia mihi tradita sunt a Patre meo* [1]. Et nous aussi nous confesserons, ô Seigneur Jésus, votre souveraineté sur toutes les choses de ce monde, souveraineté paternelle et bienfaisante qui seule nous délivre de l'esclavage du démon et des passions mauvaises.

Nous écouterons cet appel qui sort aujourd'hui de votre sanctuaire : *Venite ad me omnes qui laboratis et onerati estis et ego reficiam vos* [2]. Venez à moi vous tous qui portez le poids du travail et de la souffrance, et je vous soulagerai. O Jésus, la France que vous aimez est malade, elle souffre parce que son noble cœur ne peut trouver le repos dans les doctrines mensongères par lesquelles on cherche à l'égarer, ni dans les jouissances matérielles par lesquelles on excite ses convoitises. Qu'elle vienne à vous, et vous referez une France chrétienne qui se souviendra du jour de son baptême, et vous dira avec un nouvel amour : Oui,

1. Matth., xi, 26, 27.
2. *Ibid.*, 28.

vous êtes mon Père et mon guide depuis les jours de ma jeunesse [1].

Vous lui répondrez miséricordieusement, ô Jésus : France, accepte le joug de ma loi, de ces commandements divins dont l'observation fait la sécurité des familles et des nations. Ce joug de la loi chrétienne est doux et ce fardeau léger : car c'est l'Évangile qui a brisé les chaînes des esclaves, qui a fait régner dans le monde la charité. *Tollite jugum meum super vos. Jugum enim meum suave est et onus meum leve* [2].

Venez tous dans ce sanctuaire apprendre la grande leçon de mon divin Cœur : l'humilité qui s'oublie et la charité qui se dévoue pour le soulagement de toutes les souffrances, pour le bonheur de toutes les classes de la société. *Discite a me quia mitis sum et humilis corde et invenietis requiem animabus vestris* [3].

O France, écoute la voix de ton Sauveur et puisse s'accomplir le souhait prophétique de notre vénérable prédécesseur : « Le temps viendra, « nous en avons la ferme confiance, où ceux « mêmes qui se montrent hostiles aujourd'hui « viendront se prosterner et prier dans le sanc- « tuaire du Sacré-Cœur. Là, ils pleureront avec « nous sur les malheurs de notre patrie; avec « nous ils imploreront pour elle la protection du

1. Jérém., III, 4. *Amodo voca me : Pater meus, dux virginitatis meæ tu es.*
2. Matth., XI, 29, 30.
3. *Ibid.*, 29.

« Ciel et ils recevront la révélation de cette cha-
« rité divine qui rapproche les cœurs, éteint les
« haines et guérit toutes les blessures. »

Donné à Paris, en notre palais archiépiscopal,
sous notre seing, notre sceau et le contre-seing
du chancelier de notre Archevêché, le dimanche
dans l'Octave de l'Ascension de Notre-Seigneur
Jésus-Christ, 10 mai 1891.

† FRANÇOIS, CARDINAL RICHARD,

Archevêque de Paris,

Par mandement de Son Éminence,

A. POUDROUX, *Ch. hon., Chancelier.*

AMENDE HONORABLE

ET

CONSÉCRATION DE LA FRANCE

AU SACRÉ-CŒUR DE JÉSUS

O Jésus, vivant et régnant dans le Très-Saint-Sacrement de l'Eucharistie, nous voici prosternés à vos pieds pour adorer votre divine majesté et vous rendre les hommages qui vous sont dus par les créatures de vos mains.

Nous confessons que vous êtes la voie, la vérité et la vie, la voie que nous voulons suivre, la vérité que nous voulons croire, la vie de la grâce en ce monde, la vie de la gloire dans le ciel. En nous prosternant devant vous, nous vous disons comme votre apôtre, avec toute notre foi et tout notre amour : Non, Seigneur, nous ne nous séparerons jamais de vous, et à qui irions-nous? C'est vous qui avez les paroles de la vie éternelle.

O Jésus, votre charité surpasse toutes nos pensées, tous nos désirs. Vous avez voulu nous ouvrir votre Cœur sacré; par un trait admirable de votre amour, vous l'avez proposé à nos adorations dans ces derniers siècles, afin de nous révéler davantage encore la charité qui vous a fait endurer toutes les souffrances de votre sainte Passion et instituer l'adorable sacrement de nos autels.

Mais, ô Jésus, il y a des multitudes d'hommes qui ne vous connaissent pas, qui vous oublient, qui vous blasphèment. Ces hommes sont nos frères. Nous venons humblement vous demander pardon pour eux et pour nous.

O Jésus, roi et maître des nations, vous qui nourrissez les âmes du pain de vie descendu du ciel, nous vous adorons avec les anges et les saints ; nous demandons que votre nom soit sanctifié, que votre règne arrive, que votre volonté s'accomplisse sur la terre comme au ciel.

Pardon, ô Seigneur Jésus, pour l'orgueil impie qui voudrait effacer le nom de Dieu, votre Père, et votre nom béni de la face de la terre ; qui voudrait en faire disparaître votre croix, le signe sacré de notre Rédemption. — *Le peuple répond :* Pardon, ô Seigneur Jésus.

Pardon pour la profanation du saint jour du dimanche que vous avez réservé à votre gloire et donné aux hommes pour qu'ils puissent jouir de leur liberté d'enfants de Dieu et, durant leur vie terrestre, se préparer au bonheur éternel. — *Le peuple répond :* Pardon, ô Seigneur Jésus.

Pardon pour ceux qui, méconnaissant les desseins de votre Providence pour le salut des sociétés humaines, voudraient détruire ou lier la puissance que vous avez donnée au successeur de Pierre en l'établissant le vicaire de votre autorité et de votre charité sur la terre. — *Le peuple répond :* Pardon, ô Seigneur Jésus.

Pardon pour nous-mêmes, ô Jésus, qui avons

connu votre amour et qui ne vous avons point assez aimé. Vous avez demandé qu'une solennelle réparation fût offerte à votre Cœur adorable pour tous les outrages commis envers la majesté divine et particulièrement envers le sacrement des autels. — *Le peuple répond* : Pardon, ô Seigneur Jésus.

Cœur sacré de Jésus, nous voici devant vous pour obéir à votre appel et vous faire amende honorable au nom de la France. — *Le peuple répond* : Au nom de la France, pardon, ô Seigneur Jésus.

Par une admirable et miséricordieuse disposition vous avez placé dans la capitale de notre patrie et sur la terre arrosée du sang de nos martyrs l'église du Vœu national élevée à votre gloire. Vous avez appelé la France pénitente et dévouée à votre royal service.

Nous voici devant vous, pour reconnaître votre souverain domaine sur nous, sur nos familles, sur notre patrie, et nous consacrer entièrement à vous. — *Le peuple répond* : A vous, ô Seigneur Jésus.

Nous vous consacrons tout ce que nous sommes et tout ce que nous possédons : toutes les puissances de notre âme et toutes les forces de notre corps sont à vous. — *Le peuple répond* : A vous, ô Seigneur Jésus.

Nous vous consacrons nos familles; pour que vous y régniez par l'observation fidèle de vos commandements et des préceptes de votre

Église : elles sont à vous. — *Le peuple répond :* A vous, ô Seigneur Jésus.

Nous voulons travailler à établir votre règne dans la société en respectant toujours vos saintes lois et en usant de l'influence que nous pouvons avoir pour les faire respecter et y conformer nos lois et nos institutions nationales. — *Le peuple répond :* Que la France soit à vous, ô Seigneur Jésus.

Ouvrez, Cœur sacré de Jésus, ouvrez-nous les trésors de votre charité infinie. Le sang qui a coulé de votre blessure a racheté le monde; qu'une goutte de ce sang divin, par sa toute-puissance expiatrice, rachète encore une fois cette France que vous avez aimée, et qui, revenant de ses longues erreurs, veut rentrer dans sa vocation chrétienne. Oubliez nos iniquités pour ne vous souvenir que des saintes œuvres de nos pères et laissez couler sur nous les flots de votre miséricorde.

Cœur adorable de notre Dieu, la nation française vous implore, rendez-lui votre amour, bénissez-la, sauvez-la. — *Le peuple répond :* Bénissez-la, sauvez-la.

O Marie, reine de la France et Notre-Dame de Paris, daignez porter à votre divin Fils nos humbles supplications. — *Le peuple répond :* Amen, amen.

12126—PARIS, F. LEVÉ, IMPRIMEUR DE L'ARCHEVÊCHÉ, RUE CASSETTE, 17.